Titolo: "I Primi Passi nell'Università: Navigando tra Conoscenza e Crescita Personale"

Capitolo 1: Prepararsi per il Nuovo Capitolo

- L'ansia e l'eccitazione del passaggio all'università.
- Prepararsi per la vita universitaria: pianificazione logistica e mentale.
- Affrontare le aspettative personali e familiari.

Capitolo 2: Benvenuti all'Università

- L'atmosfera unica dei campus universitari.
- Orientamento e prime amicizie: costruire una rete di supporto.
- Scoprire le risorse disponibili: servizi accademici, club studenteschi e altro.

Capitolo 3: L'Accademica Avventura

- Adattarsi al ritmo accelerato degli studi universitari.
- Scelta del corso di laurea: passioni, obiettivi e opportunità.
- Affrontare le prime sfide accademiche: lezioni, letture e compiti.

Capitolo 4: Professori e Precedenti

- Interagire con i professori: ufficio ore, domande in classe e comunicazione.
- L'importanza della partecipazione attiva e del coinvolgimento nelle discussioni.
- Superare l'incertezza: affrontare le valutazioni e ottenere feedback.

Capitolo 5: Equilibrio tra Studio e Vita Personale
- Gestire il tempo in un ambiente universitario impegnativo.
- Coltivare interessi al di fuori dell'ambito accademico.
- mantenere la salute mentale: affrontare lo stress e la pressione.

Capitolo 6: Esplorare Nuove Prospettive
- Ampliare gli orizzonti attraverso le diverse discipline accademiche.
- Sfruttare le opportunità di ricerca, tirocinio e studio all'estero.
- Approfondire la conoscenza di sé attraverso l'apprendimento multidisciplinare.

Capitolo 7: Costruire un futuro
- Pianificare la carriera e le prospettive post laurea.
- Rendere il meglio dalle opportunità di networking e connessioni professionali.
- Prepararsi per il passaggio dal mondo accademico a quello lavorativo.

Capitolo 8: Sfide e Successi
- Affrontare gli ostacoli lungo il percorso universitario.
- Celebrare i successi accademici e personali.
- Trasformare le sfide in opportunità di crescita e resilienza.

Capitolo 9: Amicizie e Relazioni Durature
- Creare amicizie significative e durature.
- Gestire relazioni romantiche durante gli anni universitari.
- Il sostegno sociale come chiave per il benessere emotivo.

Capitolo 10: Riflessioni sull'Università e Oltre

- Guardare indietro sul percorso universitario e gli insegnamenti appresi.
- Abbracciare il cambiamento e la crescita continua dopo l'università.
- Consigli per le nuove generazioni di matricole.

Conclusione: Abbracciare l'Avventura dell'Università

- L'università è un capitolo formativo e affascinante nella vita di un individuo.
- L'importanza di dimostrare la conoscenza, la scoperta personale e l'autenticità.
- Salutare l'addio all'università con gratitudine ed emozione per il futuro.

Introduzione:

Navigare l'Università - Un Viaggio di Crescita e Opportunità

Benvenuti a "Navigare l'Università: Un Viaggio di Crescita e Opportunità". Questo libro è un compagno indispensabile per gli studenti che si avventurano nell'emozionante mondo dell'università. Il passaggio dalla scuola superiore all'istituto universitario è un momento di cambiamento e scoperta, pieno di sfide e opportunità uniche. Queste pagine sono state create con l'intento di guidare gli studenti attraverso ogni fase di questa avventura, offrendo consigli pratici, ispirazioni ed esperienze condivise.

L'Inizio di un Nuovo Capitolo:

Nel capitolo introduttivo, esploreremo le aspettative e l'ansia che accompagneranno il passaggio all'università. Con un focus sulla preparazione e l'adattamento al nuovo ambiente, metteremo in luce l'importanza delle aspettative realistiche e di affrontare il cambiamento con coraggio.

Benvenuti all'Università: Il secondo capitolo vi condurrà attraverso i primi giorni all'università, esplorando l'atmosfera dei campus, l'orientamento e la creazione delle prime amicizie. Imparerete a immergervi completamente nell'esperienza universitaria e a sfruttare al meglio le risorse a vostra disposizione.

L'Accademica Avventura: Nel terzo capitolo, ci addentreremo nell'aspetto accademico dell'università. Affronteremo come adattarci al ritmo accelerato degli studi, fare scelte di corso informato e sviluppare abilità di studio efficaci. L'apprendimento non si limita alle aule, ma è un viaggio di scoperta personale e intellettuale.

Professori e Precedenti: Nel quarto capitolo, esploreremo l'importanza di interagire con i professori, partecipare attivamente in classe e utilizzare il feedback per migliorare. Questo capitolo vi guiderà nell'arte di costruire relazioni con gli insegnanti e nel valorizzare l'ambiente accademico.

Equilibrio tra Studio e Vita Personale: Il quinto capitolo vi insegnerà l'arte di bilanciare studio e vita personale. Attraverso la gestione del tempo, la coltivazione di interessi al di fuori dell'ambiente accademico e la cura della salute mentale, scoprirete come creare un equilibrio sostenibile che vi sostenga durante tutto il percorso universitario.

Esplorare Nuove Prospettive: Nel sesto capitolo, vi invitiamo a esplorare diverse discipline accademiche, a cogliere opportunità di ricerca e studio all'estero e ad abbracciare un approccio multidisciplinare all'apprendimento. Questo capitolo vi guiderà nell'ampliare le vostre prospettive e arricchire la vostra esperienza.

Costruire un Futuro: Nel settimo capitolo, vi prepareremo per la transizione al mondo del lavoro o dello studio post laurea. Dalla pianificazione della carriera al networking, esplorerete come trasformare le competenze accademiche in competenze professionali e affrontare con fiducia la prossima fase della vostra vita.

Sfide e Successi: Nel capitolo otto, affronteremo il lato emozionale dell'esperienza universitaria. Imparerete come affrontare le sfide con resilienza, celebrare i successi e trasformare le esperienze negative in occasioni di crescita personale.

Amicizie e Relazioni Durature: Nel nono capitolo, esploreremo l'importanza di creare legami sociali significativi, gestire relazioni romantiche e sfruttare il sostegno sociale per il benessere emotivo.

Questo libro è stato creato per guidarvi attraverso il labirinto dell'università, fornendovi consigli preziosi, ispirazione e strumenti per affrontare ogni sfida e cogliere ogni opportunità che questa fase della vostra vita vi offre. Siate pronti a immergervi nell'esperienza universitaria con fiducia e determinazione, sfruttando al meglio ogni momento di crescita e scoperta. Buon viaggio!

Capitolo 1: Prepararsi per il Nuovo Capitolo

https://www.ateneionline.it/orientamento-online/trasferimento-universita-passaggio-telematica-statale/

Introduzione: Il passaggio all'università rappresenta un momento di grande cambiamento nella vita di un individuo. L'emozione e l'ansia si intrecciano mentre ci si prepara a lasciare la famiglia ea immergersi in un ambiente completamente nuovo.

- *Sezione 1: Affrontare le aspettative*In questa sezione, esploreremo come le aspettative personali e familiari potranno mantenere l'esperienza universitaria. Gli studenti spesso si sentono sotto pressione per avere successo e corrispondere alle aspettative, il che può portare a stress e ansia. Discuteremo l'importanza di stabilire aspettative realistiche e di trovare un equilibrio tra il desiderio di soddisfare gli altri e la necessità di seguire le proprie passioni.

- *Sezione 2: Pianificazione Logistica e Mentale*La preparazione per l'università va oltre la scelta dei corsi. Questa sezione esplorerà i dettagli pratici che gli studenti devono affrontare, come la ricerca di alloggio, l'organizzazione finanziaria e la pianificazione delle attività quotidiane. Ma non si tratta solo di logistica: prepararsi mentalmente è altrettanto cruciale. Discuteremo strategie per affrontare l'ansia da separazione, la paura dell'ignoto e la transizione verso una maggiore indipendenza.

- *Sezione 3: Costruire una Rete di Supporto*Nel momento in cui si arriva all'università, è importante costruire una rete di supporto. Questa sezione esplorerà come fare nuove amicizie, partecipare agli eventi di orientamento e unirsi a gruppi di interesse. Gli studenti saranno incoraggiati a superare la timidezza iniziale e ad aprirsi alle opportunità sociali per creare legami duraturi.

- *Sezione 4: Esplorare le Aspettative Accademiche*L'ambiente accademico universitario è diverso da quello delle scuole superiori. In questa sezione, affronteremo l'adattamento al ritmo accelerato degli studi universitari, alla quantità di lavoro richiesta e alla necessità di autodisciplina. Discuteremo anche l'importanza di sviluppare abilità di studio efficaci e strategie per affrontare il carico di lavoro.

Conclusioni del Capitolo: Il primo capitolo si concluderà sottolineando l'importanza di affrontare il passaggio all'università con consapevolezza e preparazione. Gli studenti saranno incoraggiati ad esplorare le proprie aspettative, a cercare attentamente e a costruire una solida rete di supporto. Mentre si intraprende questa nuova avventura, è essenziale abbracciare sia le sfide che le opportunità che l'università offre per la crescita personale e l'apprendimento.

Capitolo 2: Benvenuti all'Università

Introduzione: Una volta superata la fase di preparazione, gli studenti si trovano finalmente all'università, pronti a immergersi in un ambiente ricco di opportunità e sfide. Questo capitolo esplora l'atmosfera unica dei campus universitari, l'importanza di orientarsi correttamente e la creazione delle prime amicizie.

- *Sezione 1: L'atmosfera dei Campus Universitari*L'atmosfera di un campus universitario è un mix affascinante di energie creative, spirito di comunità e ricerca continua. In questa sezione, esploreremo la bellezza dell'architettura accademica, i luoghi d'incontro, i parchi e gli spazi per lo studio. Discuteremo come l'ambiente fisico influenza l'esperienza degli studenti e come immergersi in questa atmosfera può aumentare la sensazione di appartenenza e coinvolgimento.

- *Sezione 2: Orientamento e Prime Amicizie*L'orientamento è il primo passo tangibile nell'esperienza universitaria. In questa sezione parleremo dell'importanza di partecipare all'orientamento per familiarizzare con il campus, i servizi e le risorse disponibili. Discuteremo anche come l'orientamento possa essere un'opportunità per fare le prime amicizie, conoscere compagni di corso e condividere emozioni e ansie iniziali.

- *Sezione 3: Scoprire le risorse disponibili*Le università offrono una vasta gamma di risorse, da biblioteche ben fornite a centri di supporto accademico. In questa sezione, esploreremo come gli studenti possono scoprire e sfruttare appieno queste risorse. Parleremo anche di club studenteschi, organizzazioni culturali e altre opportunità extracurriculari che possono arricchire l'esperienza universitaria.

- *Sezione 4: Costruire Identità e Appartenenza*Durante i primi mesi all'università, gli studenti spesso cercano di definire la propria identità e di trovare un senso di appartenenza. Discuteremo come l'esplorazione di diverse attività, gruppi e opportunità possano contribuire a formare un senso di identità più forte. Esploreremo anche come l'appartenenza a una comunità possa contribuire al benessere emotivo e alla resilienza.

Conclusioni del Capitolo: Questo capitolo si concluderà sottolineando l'importanza di immergersi completamente nell'atmosfera universitaria, di partecipare attivamente all'orientamento e di sfruttare le risorse disponibili. Gli studenti saranno incoraggiati a creare legami sociali, significati, a esplorare nuove attività e a iniziare a costruire la propria identità universitaria.

Capitolo 3: L'Accademica Avventura

Introduzione: L'esperienza universitaria è intrinsecamente legata all'aspetto accademico. Questo capitolo esplora la sfida di adattamento al ritmo accelerato degli studi universitari, la scelta del corso di laurea e le prime sfide accademiche che gli studenti possono incontrare.

- *Sezione 1: Adattarsi al Ritmo Accademico*L'ambiente universitario è caratterizzato da un ritmo accademico intenso e serrato. In questa sezione parleremo delle sfide che gli studenti possono affrontare nel passaggio da un ambiente di apprendimento più strutturato a uno più indipendente. Discuteremo strategie per gestire il carico di lavoro, per pianificare il tempo e per mantenere la motivazione durante i periodi intensi.

- *Sezione 2: Scelta del Corso di Laurea*La scelta del corso di laurea è una decisione significativa che può influenzare il futuro accademico e professionale degli studenti. Questa sezione affronterà l'importanza di seguire passioni personali e di considerare le opportunità future quando si prende questa decisione. Discuteremo anche di come esplorare diverse discipline può portare un apprendimento più ricco e vario.

- *Sezione 3: Affrontare le Prime Sfide Accademiche*Le prime sfide accademiche possono spaventare gli studenti nei loro primi mesi all'università. In questa sezione, parleremo di strategie per affrontare le lezioni, le lezioni ei compiti impegnativi. Esploreremo l'importanza della partecipazione attiva in classe, dell'organizzazione e della gestione del tempo per ottenere buoni risultati.

- *Sezione 4: Sviluppare abilità di Studio Efficaci*Un aspetto chiave dell'esperienza universitaria è la capacità di sviluppare abilità di studio efficaci. Discuteremo come prendere appunti in modo strategico, organizzare le informazioni, sintetizzare concetti complessi e prepararsi per gli esami. Gli studenti saranno incoraggiati a cercare risorse di supporto, come i centri di tutoraggio, per migliorare ulteriormente le proprie abilità accademiche.

Conclusioni del capitolo: Questo capitolo si concluderà sottolineando l'importanza di affrontare l'aspetto accademico dell'università con impegno e determinazione. Gli studenti saranno incoraggiati a trovare un equilibrio tra studio e vita personale, ad esplorare diverse discipline e a sviluppare abilità di studio efficaci. Affrontare le sfide accademiche con la giusta mentalità può portare a un apprendimento profondo e significativo.

Capitolo 4: Professori e Precedenti

https://www.varesenews.it/2017/05/gli-alunni-mettono-i-voti-ai-professori-le-sorprese-non-mancano/619549/

Introduzione: Gli insegnanti universitari giocano un ruolo fondamentale nell'esperienza accademica degli studenti. Questo capitolo esplora come interagire con i professori, l'importanza della partecipazione attiva in classe e come affrontare le valutazioni.

- *Sezione 1: Interagire con i Professori*Gli studenti universitari hanno l'opportunità di interagire direttamente con i professori in modi che spesso non erano possibili durante la scuola superiore. In questa sezione, esploreremo l'importanza delle ore d'ufficio e di porre domande durante le lezioni. Discuteremo anche come stabilire un rapporto positivo con i professori può portare a una comprensione più approfondita dei contenuti ea potenziali opportunità di ricerca e tirocinio.

- *Sezione 2: Partecipazione attiva in classe*Partecipare attivamente in classe è una componente cruciale dell'apprendimento universitario. Questa sezione affronterà l'importanza di contribuire alle discussioni in classe, di porre domande e di condividere idee con i compagni. Discuteremo anche come la partecipazione attiva può aiutare gli studenti a sviluppare una comprensione più profonda dei concetti ea costruire relazioni significative con i colleghi.

- *Sezione 3: Ricevere e utilizzare il feedback*Affrontare le valutazioni e utilizzare il feedback è un aspetto essenziale dell'esperienza universitaria. In questa sezione, parleremo di come affrontare le valutazioni in modo costruttivo, utilizzando il feedback per migliorare le prestazioni future. Gli studenti saranno incoraggiati a cercare chiarimenti sul feedback ricevuto e a sviluppare una mentalità di crescita che favorisca il miglioramento continuo.

- *Sezione 4: Superare l'Incertezza*Gli studenti universitari possono sperimentare momenti di incertezza riguardo alle proprie capacità accademiche. Discuteremo come affrontare questi sentimenti e come sviluppare la fiducia in se stessi. Esploreremo anche come cercare supporto da parte dei professori e dei colleghi può contribuire a superare l'insicurezza ea raggiungere il successo accademico.

Conclusioni del Capitolo: Questo capitolo si concluderà sottolineando l'importanza delle relazioni con i professori e del coinvolgimento attivo in classe.

Gli studenti saranno incoraggiati a cercare il feedback, a sviluppare la fiducia in se stessi e a sfruttare le opportunità di apprendimento fornite dagli insegnanti. Interagire positivamente con i professori può arricchire l'esperienza accademica e contribuire alla crescita personale.

Capitolo 5: Equilibrio tra Studio e Vita Personale

Introduzione: Trovare un equilibrio sano tra gli impegni accademici e la vita personale è cruciale per il benessere durante l'esperienza universitaria. Questo capitolo esplorerà come gestire il tempo, coltivare interessi al di fuori dell'ambito accademico e mantenere la salute mentale.

- *Sezione 1: Gestire il tempo in modo efficace*Gestire il tempo in un ambiente universitario impegnativo richiede abilità di pianificazione e organizzazione. In questa sezione, esploreremo strategie per creare un piano di studio efficace, utilizzare strumenti di gestione del tempo e stabilire priorità. Gli studenti saranno incoraggiati a trovare un equilibrio tra lo studio, il riposo e il divertimento.

- *Sezione 2: Coltivare interessi fuori dall'Università*Mentre lo studio è importante, è altrettanto vitale coltivare interessi al di fuori dell'ambiente accademico. Discuteremo l'importanza di partecipare ad attività extracurriculari, praticare hobby e socializzare con amici. Gli studenti saranno incoraggiati ad esplorare nuove passioni e a mantenere un senso di identità al di là degli impegni accademici.

- *Sezione 3: Mantenere la Salute Mentale*L'equilibrio tra studio e vita personale è strettamente legato alla salute mentale degli studenti. In questa sezione, affronteremo l'importanza di riconoscere lo stress, l'ansia e la pressione accademica. Discuteremo strategie per affrontare questi sentimenti, come la pratica di tecniche di rilassamento, l'esercizio fisico regolare e la ricerca di supporto professionale quando necessario.

- *Sezione 4: Affrontare le Sfide e Imparare dalla Resilienza*Gli ostacoli sono inevitabili nell'esperienza universitaria. Gli studenti saranno incoraggiati a vedere le sfide come opportunità di crescita e di sviluppo della resilienza. Discuteremo come affrontare gli insuccessi, imparare dalle esperienze negative e utilizzare queste lezioni per superare futuri ostacoli.

Conclusioni del capitolo: Questo capitolo si concluderà sottolineando l'importanza di un equilibrio sano tra studio e vita personale. Gli studenti saranno incoraggiati a sviluppare abilità di gestione del tempo, a coltivare interessi al di fuori degli studi e ad prestare attenzione alla propria salute mentale. Trovare un equilibrio significativo può migliorare la qualità dell'esperienza universitaria e promuovere il benessere complessivo.

Capitolo 6: Esplorare Nuove Prospettive

Introduzione: L'università è un ambiente unico in cui gli studenti possono esplorare una vasta gamma di discipline accademiche e prospettive. Questo capitolo esplora l'importanza di ampliare gli orizzonti attraverso diverse

discipline, sfruttare le opportunità di ricerca e studio all'estero, nonché l'apprendimento multidisciplinare.

- *Sezione 1: Ampliare gli Orizzonti Accademici*L'università offre una vasta gamma di discipline e aree di studio. In questa sezione, esploreremo come esplorare al di là delle materie obbligatorie può arricchire l'esperienza di apprendimento. Gli studenti saranno incoraggiati a considerare corsi che potrebbero essere al di fuori della loro zona di comfort ea scoprire nuovi interessi e passioni.

- *Sezione 2: Opportunità di Ricerca e Tirocinio*Partecipare alla ricerca oa tirocini può fornire agli studenti una prospettiva pratica e concreta delle loro discipline. Questa sezione discuterà l'importanza di sfruttare queste opportunità per acquisire esperienza, sviluppare abilità pratiche e connettersi con professionisti del settore. Esploreremo anche come cercare e ottenere opportunità di ricerca e tirocinio.

- *Sezione 3: Studio e Ricerca all'Estero*Studiare o fare ricerca all'estero è un'opportunità straordinaria per ampliare prospettive culturali e accademiche. In questa sezione, esploreremo i vantaggi di un'esperienza internazionale e come prepararci per essa. Gli studenti saranno incoraggiati a considerare programmi di scambio, borse di studio e progetti di ricerca all'estero.

- *Sezione 4: Approccio Multidisciplinare all'Apprendimento*L'approccio multidisciplinare all'apprendimento coinvolge l'integrazione di concetti e metodi da diverse discipline. Discuteremo come adottare questo approccio può portare a una comprensione più approfondita dei problemi complessi e stimolare la creatività. Gli studenti saranno incoraggiati a cercare collegamenti tra diverse materie ea considerare come queste connessioni possano arricchire il loro apprendimento.

Conclusioni del Capitolo: Questo capitolo si concluderà sottolineando l'importanza di sfruttare le opportunità di ampliare le prospettive attraverso diverse discipline, ricerca e studi all'estero. Gli studenti saranno incoraggiati a coltivare una mentalità aperta e a cercare nuovi modi di apprendere e di esplorare. Questa esplorazione può portare una comprensione più profonda del mondo e di se stessi.

Capitolo 7: Costruire un futuro

Introduzione: L'università rappresenta non solo un periodo di apprendimento, ma anche una fase di preparazione per il futuro. Questo capitolo esplora come

pianificare la carriera e le prospettive post laurea, come sfruttare le opportunità di networking e come affrontare la transizione dal mondo accademico a quello lavorativo.

- *Sezione 1: Pianificare la Carriera e le Prospettive Post Laurea*L'uscita dall'università porta con sé domande sul futuro professionale. In questa sezione, esploreremo come iniziare a cercare una carriera, a definire obiettivi a lungo termine ea cercare opportunità di lavoro o studio post laurea. Discuteremo l'importanza di considerare le proprie passioni, competenze e valori nel prendere decisioni sulla carriera.

- *Sezione 2: Networking e Connessioni Professionali*Il networking è un aspetto cruciale per il successo professionale. Questa sezione affronterà l'importanza di costruire una rete di contatti, partecipare a eventi di settore e sfruttare le piattaforme online per connettersi con professionisti del settore. Gli studenti saranno incoraggiati a sviluppare abilità di networking autentiche ea cercare mentori.

- *Sezione 3: Prepararsi per la Transizione al Lavoro o allo Studio*La transizione dal mondo accademico al mondo lavorativo può essere una sfida. Discuteremo come affrontare questa transizione in modo efficace, come sviluppare abilità di intervista, come creare un curriculum accattivante e come adattarsi a un nuovo ambiente lavorativo. Gli studenti saranno incoraggiati a cercare supporto nella ricerca di lavoro e nell'adattamento alla nuova fase della loro vita.

- *Sezione 4: Trasformare le Competenze Accademiche in Competenze Professionali*Le competenze sviluppate durante l'università possono essere preziose nell'ambiente professionale. Esploreremo come trasformare le competenze accademiche, come la ricerca, l'analisi critica e la comunicazione, in competenze utili nel mondo del lavoro. Gli studenti saranno incoraggiati a riflettere sulle abilità acquisite e su come applicarle in contesti lavorativi.

Conclusioni del Capitolo: Questo capitolo si concluderà sottolineando l'importanza di prepararsi per il futuro durante l'esperienza universitaria. Gli studenti saranno incoraggiati a pianificare la carriera, a costruire connessioni professionali e a sviluppare competenze trasferibili. Affrontare la transizione verso il lavoro o lo studio post laurea con fiducia e preparazione può portare a un inizio di successo nella prossima fase della vita.

Capitolo 8: Sfide e Successi

Introduzione: L'esperienza universitaria è caratterizzata da una serie di sfide e successi che contribuiscono alla crescita personale. Questo capitolo esplora come affrontare gli ostacoli lungo il percorso universitario, celebrare i successi accademici e personali e trasformare le sfide in opportunità di crescita e resilienza.

- *Sezione 1: Affrontare le Sfide Universitarie*Le sfide universitarie possono includere periodi di stress, insicurezza accademica e difficoltà a bilanciare gli impegni. In questa sezione, esploreremo come affrontare queste sfide in modo costruttivo. Discuteremo strategie per gestire lo stress, per chiedere aiuto quando necessario e per adottare una mentalità di crescita di fronte alle difficoltà.

- *Sezione 2: Celebrare i Successi Accademici*I successi accademici, grandi e piccoli, meritano di essere celebrati. Questa sezione affronterà l'importanza di riconoscere e apprezzare i risultati ottenuti, come ottime valutazioni, progetti di successo e riconoscimenti accademici. Gli studenti saranno incoraggiati a festeggiare i traguardi ea riconoscere il loro impegno.

- *Sezione 3: Crescita Personale attraverso le Sfide*Le sfide universitarie possono essere opportunità per la crescita personale. Discuteremo come affrontare le difficoltà può portare a una maggiore resilienza, autostima e fiducia in se stessi. Gli studenti saranno incoraggiati a riflettere sulle sfide affrontate e come queste esperienze hanno contribuito alla loro crescita e sviluppo.

- *Sezione 4: Trarre Insegnamenti dai Fallimenti*I fallimenti possono essere momenti di delusione, ma anche di apprendimento significativo. Esploreremo come affrontare i fallimenti con una mentalità di apprendimento, identificare le lezioni da essi e utilizzare queste esperienze per migliorare. Gli studenti saranno incoraggiati a vedere i fallimenti come tappe importanti nel loro percorso di crescita.

Conclusioni del capitolo: Questo capitolo si concluderà sottolineando come sia importante affrontare le sfide universitarie con resilienza e come celebrare i successi accademici e personali. Gli studenti saranno incoraggiati a trasformare le sfide in opportunità di crescita personale, a riflettere sui loro successi e fallimenti e a sviluppare una mentalità di apprendimento continuo. L'esperienza universitaria è un terreno fertile per il cambiamento positivo e la formazione del carattere.

Capitolo 9: Amicizie e Relazioni Durature

Introduzione: Le amicizie e le relazioni che si formano durante l'esperienza universitaria possono avere un impatto significativo sulla vita degli studenti. Questo capitolo esplora come creare amicizie significative, gestire relazioni romantiche e sfruttare il sostegno sociale come chiave per il benessere emotivo.

- *Sezione 1: Creare Amicizie Significative*Le amicizie universitarie possono durare per tutta la vita. In questa sezione, esploreremo come fare nuove amicizie attraverso attività extracurriculari, lezioni e iniziative sociali. Discuteremo l'importanza di avere una mentalità aperta e di cercare connessioni autentiche basate su interessi e valori comuni.

- *Sezione 2: Gestire Relazioni Romantiche*Le relazioni romantiche possono aggiungere un elemento unico all'esperienza universitaria. Questa sezione affronterà l'importanza di stabilire una comunicazione aperta e sincera nelle relazioni, di impostare limiti sani e di bilanciare il tempo tra impegni accademici e relazionali. Gli studenti saranno incoraggiati a coltivare relazioni che sostengono il loro benessere emotivo e personale.

- *Sezione 3: Sostegno Sociale e Benessere Emotivo*Il sostegno sociale da parte di amici, famiglia e colleghi può essere cruciale per il benessere emotivo degli studenti. Discuteremo come cercare supporto quando necessario, come offrire sostegno agli altri e come costruire reti di supporto affidabili. Gli studenti saranno incoraggiati a comunicare apertamente riguardo alle loro sfide e successi, e a cercare risorse di aiuto quando ne hanno bisogno.

- *Sezione 4: Crescere Attraverso le Relazioni*Le relazioni universitarie possono insegnare importanti lezioni sulla comunicazione, la collaborazione e la gestione dei conflitti. Discuteremo come imparare dalle interazioni con gli altri, come sviluppare empatia e come coltivare relazioni che sono fonte di crescita personale. Gli studenti saranno incoraggiati a vedere le relazioni come opportunità per imparare e migliorare.

Conclusioni del Capitolo: Questo capitolo si concluderà sottolineando l'importanza di coltivare amicizie e relazioni significative durante l'esperienza universitaria. Gli studenti saranno incoraggiati a stabilire connessioni autentiche, a gestire le relazioni romantiche con cura ea cercare e offrire sostegno sociale. Le relazioni possono arricchire l'esperienza universitaria e contribuire al benessere emotivo e personale.

Capitolo 10: Guardare al futuro

Introduzione: L'esperienza universitaria segna solo l'inizio di un viaggio che continua nel futuro. In questo capitolo conclusivo, esploreremo come riflettere sull'intero percorso universitario, come prepararsi per le sfide future e come portare con sé le lezioni apprese per il resto della vita.

- *Sezione 1: Riflessione sull'Esperienza Universitaria*Prendersi un momento per riflettere sull'intero percorso universitario può essere un'esperienza gratificante. In questa sezione, discuteremo l'importanza di riconsiderare le sfide affrontate, i successi ottenuti e le lezioni apprese. Gli saranno incoraggiati a valutare come l'università li abbia cambiati e cresciuti, e come questi cambiamenti gli studenti potranno mantenere il loro futuro.

- *Sezione 2: Sfide e Successi Futuri*La vita è costellata da sfide e successi, anche dopo l'università. Esploreremo come affrontare queste sfide con le abilità di resilienza e di apprendimento acquisite durante l'esperienza universitaria. Gli studenti saranno incoraggiati a vedere ogni sfida come un'opportunità di crescita e a mantenere la fiducia nelle loro capacità.

- *Sezione 3: Applicare le competenze apprese*Le competenze e le lezioni apprese durante l'università possono essere applicate in una varietà di contesti. In questa sezione, discuteremo come utilizzare l'analisi critica, la risoluzione dei problemi e la comunicazione efficace per affrontare sfide nel mondo professionale e personale. Gli studenti saranno incoraggiati a riconoscere il valore delle competenze trasferibili acquisite ea sfruttarle in modo strategico.

- *Sezione 4: Continuare il Processo di Apprendimento*L'università rappresenta solo una tappa nel percorso di apprendimento che dura tutta la vita. Esploreremo l'importanza di coltivare una mentalità di apprendimento continuo, di rimanere curiosi e di cercare sempre nuove opportunità di crescita. Gli studenti saranno incoraggiati a cercare nuove conoscenze e a integrarle nella loro crescita personale.

Conclusioni del Capitolo: Questo capitolo conclusivo sottolineerà l'importanza di guardare al futuro con ottimismo e di portare con sé le lezioni apprese durante l'università. Gli studenti saranno incoraggiati a continuare il loro viaggio di apprendimento, a rimanere flessibili di fronte alle sfide e a utilizzare le competenze acquisite per costruire una vita significativa e appagante. La conclusione dell'università non è una fine, ma piuttosto un nuovo inizio pieno di opportunità e potenziale.

Descrizione del libro:

"Navigare l'Università: Un Viaggio di Crescita e Opportunità" è un'opera coinvolgente e illuminante, progettata per guidare gli studenti attraverso ogni aspetto dell'esperienza universitaria. Questo libro affronta con cura le sfide e le opportunità uniche che emergono durante il passaggio dalla scuola superiore al mondo accademico universitario, offrendo una bussola pratica per guidare i lettori attraverso questa avventura di crescita e apprendimento.

Con una profonda comprensione delle preoccupazioni e delle aspettative degli studenti, il libro si apre all'inizio di un nuovo capitolo, affrontando i dubbi e le eccitazioni che accompagnano l'ingresso all'università. Passo dopo passo, gli autori esplorano le sfaccettature di questa fase, fornendo consigli pratici e storie ispiratrici per aiutare i lettori a superare le sfide iniziali ea creare un solido fondamento per il successo accademico e personale.

Ogni capitolo è un viaggio in sé, dedicato a una fase specifica dell'esperienza universitaria. Dal creare legami duraturi con compagni di corso e professori alla gestione del tempo e alla coltivazione di interessi al di fuori del curriculum accademico, il libro offre strategie e approfondimenti per affrontare ogni aspetto con fiducia. I lettori scopriranno come sviluppare abilità di studio efficaci, come affrontare le sfide accademiche e come trasformare le esperienze negative in opportunità di crescita personale.

"Navigare l'Università" non si ferma alla sfera accademica, ma esplora anche l'importanza dell'equilibrio tra studio e vita personale. I lettori impareranno a mantenere la salute mentale, a coltivare interessi al di fuori dell'ambiente accademico e a gestire relazioni significative. Inoltre, il libro offre una guida pratica per pianificare il futuro post laurea, includendo consigli su networking, preparazione per il lavoro e percorso professionale.

Con una scrittura coinvolgente e accessibile, "Navigare l'Università" è più di un semplice manuale di sopravvivenza universitaria: è un compagno di viaggio che offre saggezza, supporto e ispirazione lungo tutto il percorso. Gli autori condividono esperienze personali, consigli di esperti e strategie comprovate, creando un quadro completo e tangibile di ciò che aspetta gli studenti universitari. Che tu sia una matricola emozionata o uno studente più anziano alla ricerca di consigli pratici, questo libro ti guiderà attraverso ogni sfida e successo, aiutandoti a trarre il massimo da questa straordinaria tappa della tua vita.

Ringraziamenti

Intraprendere la scrittura di "Navigare l'Università: Un Viaggio di Crescita e Opportunità" è stata un'esperienza arricchente e gratificante, resa possibile grazie al supporto e all'ispirazione di numerose persone. Vogliamo esprimere la nostra profonda gratitudine a coloro che hanno contribuito a rendere questo libro una realtà.

Innanzitutto, vorremmo ringraziare le nostre famiglie e amici per il loro sostegno incondizionato e il loro incoraggiamento costante. Grazie per averci sostenuto nei momenti di dubbio e per aver condiviso la gioia dei successi raggiunti.

Un ringraziamento speciale va a tutti gli studenti, professori e professionisti che hanno condiviso le loro storie, esperienze e conoscenze con noi. Le vostre testimonianze hanno dato vita a questo libro, fornendo preziose prospettive che hanno arricchito ogni pagina.

Desideriamo ringraziare il nostro team di ricerca e di scrittura per l'infinita dedizione e per il lavoro instancabile che ha reso possibile la creazione di questo libro. Le vostre competenze e il vostro impegno hanno portato alla realizzazione di un'opera di cui siamo veramente orgogliosi.

Un grazie di cuore a coloro che hanno reso possibile la pubblicazione di questo libro, dal team editoriale ai designer e a tutti coloro che hanno contribuito alla sua produzione.

Infine, vorremmo esprimere la nostra gratitudine ai lettori che prenderanno in mano questo libro. Speriamo che le pagine che avete di fronte possano ispirarvi, guidarvi e accompagnare il vostro viaggio universitario con saggezza e supporto.

Grazie a tutti voi per aver condiviso questo percorso con noi. Che questo libro possa essere un faro di luce e guida per tutti coloro che stanno affrontando l'avventura dell'università.

Con gratitudine,

Doris

9 7 9 8 8 5 9 0 0 0 7 0 8